Stefan Huster

Der Grundsatz der religiös-weltanschaulichen Neutralität des Staates – Gehalt und Grenzen

Schriftenreihe
der
Juristischen Gesellschaft zu Berlin

Heft 176

De Gruyter Recht · Berlin

Der Grundsatz der religiös-weltanschaulichen Neutralität des Staates – Gehalt und Grenzen

Von
Stefan Huster

Vortrag,
gehalten vor der
Juristischen Gesellschaft zu Berlin
am 19. Mai 2004

W
DE
G
RECHT

De Gruyter Recht · Berlin

Professor Dr. *Stefan Huster,*
Professor an der FernUniversität in Hagen

Gedruckt auf säurefreiem Papier,
das die US-ANSI-Norm über Haltbarkeit erfüllt.

ISBN 3-89949-208-0

Bibliografische Information Der Deutschen Bibliothek

Die Deutsche Bibliothek verzeichnet diese Publikation in der Deutschen
Nationalbibliografie; detaillierte bibliografische Daten sind im Internet über
http://dnb.ddb.de abrufbar.

Printed in Germany

Satz: DTP Johanna Boy, Brennberg
Druck: Druckerei Gerike GmbH, Berlin
Buchbinderische Verarbeitung: Industriebuchbinderei Fuhrmann GmbH & Co. KG, Berlin

Der Grundsatz der religiös-weltanschaulichen Neutralität des Staates – Gehalt und Grenzen

Die Forderung nach staatlicher Neutralität in religiös-weltanschaulichen Fragen, die seit der Entstehung des modernen Staates aus den konfessionellen Bürgerkriegen der frühen Neuzeit tief in unserer politischen Ordnungsvorstellung verankert ist, erlebt zur Zeit eine erstaunliche Renaissance. In den zunehmenden Konflikten mit religiös-weltanschaulichem Bezug, die die hochgradig säkularisierten europäischen Gesellschaften etwas unvorbereitet treffen, ist der Ruf nach staatlicher Neutralität sowohl in der Politik als auch im Recht allgegenwärtig.[1]

Allerdings verbergen sich hinter dem Neutralitätsbegriff durchaus sehr unterschiedliche Neutralitätsvorstellungen.[2] So sagen die einen, der Staat wahre seine Neutralität, wenn er das Kopftuch aus den Schulzimmern verbannt; die anderen sehen gerade darin einen Neutralitätsverstoß. Entspricht es dem Neutralitätsgebot, dass sich alle an das Tierschutzrecht halten müssen, oder stellt dieses Verlangen nicht eine ganz und gar nicht-neutrale mehrheitskulturelle Befangenheit dar, die diejenigen Bürger benachteiligt, die aufgrund ihres Glaubens besonderen Speisevorschriften folgen? Und verwirklicht es das Neutralitätsgebot – wie manche meinen –, wenn in der öffentlichen Schule auf eine religiös-weltanschauliche Erziehung im Religionsunterricht verzichtet wird, oder – so meinen andere – ist im Gegenteil die reine Darstellung von Religion und Weltanschauung in einem religionskundlichen Unterricht eine neutralitätswidrige Nivellierung dieser Gegenstände? Der Neutralitätsbegriff ist also mannigfachen Interpretationen zugänglich, und so ist es ebenso erwartbar wie erstaunlich, dass er von allen Seiten als zentraler Lösungsmaßstab herangezogen wird – nur eben für ganz unterschiedliche Lösungen. Nicht selten bringt dies auch schon die Neutralitätsforderung selbst in Verruf.

---

[1] Zum grundsätzlichen Zusammenhang vgl. zuletzt *H. Hofmann*, Recht, Politik und Religion, JZ 2003, S. 377 ff.; *G. Roellecke*, Die Entkoppelung von Recht und Religion, JZ 2004, S. 105 ff.

[2] Dies hatte – mit anderer Akzentsetzung – bereits die prägende Arbeit von *K. Schlaich*, Neutralität als verfassungsrechtliches Prinzip, 1972, passim, betont.

Eine Reflexion über den Gehalt des Neutralitätsgebotes tut daher not. Dies gilt nicht nur, aber auch und gerade für das Recht, das ja vielfach zur Bewältigung dieser Konflikte aufgerufen und schon deshalb auf klare Maßstäbe angewiesen ist. Die Frage lautet daher: Was kann ein verfassungsrechtliches Gebot der Neutralität sinnvollerweise leisten, und wo findet es seine Grenzen und überlässt die Entscheidung der Politik? Diese Frage soll anhand von drei begrifflichen Gegenüberstellungen diskutiert werden, die zentrale Anwendungsprobleme des Neutralitätsgebotes berühren: Begründungsneutralität vs. Wirkungsneutralität (I.), Integration vs. Trennung (II.) und Anerkennung vs. Toleranz (III.). In einem letzten Schritt werden die Ergebnisse der Überlegungen kurz resümiert und eingeordnet (IV.).

I. Begründungsneutralität vs. Wirkungsneutralität

Das Grundgesetz ist im Hinblick auf Religion und Weltanschauung durch ganz und gar universalistische Prinzipien geprägt. An erster Stelle fallen insoweit die unterschiedslos für jedermann gewährleisteten religiös-weltanschaulichen Freiheiten des Art. 4 Abs. 1 und 2 GG und das Verbot der Diskriminierung wegen des Glaubens und der religiösen Anschauungen (Art. 3 Abs. 3 S. 1 GG) ins Auge. Aber auch zahlreiche andere Vorschriften der Verfassung, die einen mehr oder weniger deutlichen Bezug zu Religion und Weltanschauung besitzen, bringen ein Gleichbehandlungsgebot zum Ausdruck. Zu nennen sind hier etwa das religiös-weltanschauliche Diskriminierungsverbot beim Zugang zu öffentlichen Ämtern (Art. 33 Abs. 3 GG) und das Verbot einer Staatskirche (Art. 140 GG i.V.m. Art. 137 Abs. 1 WRV).

Diese Normen, aus denen die Verfassungsrechtsprechung das Gebot der staatlichen Neutralität herleitet,[3] verhindern missionarische und diskriminierende Maßnahmen der öffentlichen Gewalt. Sie erlauben es den Angehörigen religiös-weltanschaulicher Minderheiten oder Randgruppen, dagegen vorzugehen, dass die jeweilige Mehrheitsüberzeugung im staatlichen Recht und in staatlichen Institutionen offen und gezielt privilegiert

---

[3] Grundlegend BVerfGE 19, 206 (216): „Das Grundgesetz legt durch Art. 4 Abs. 1, Art. 3 Abs. 3, Art. 33 Abs. 3 GG sowie durch Art. 136 Abs. 1 und 4 und Art. 137 Abs. 1 WRV in Verbindung mit Art. 140 GG dem Staat als Heimstatt aller Staatsbürger ohne Ansehen der Person weltanschaulich-religiöse Neutralität auf."

wird. In diese Kategorie gehört etwa der bekannte bayerische Schulkreuz-streit:[4] Die rechtliche Anordnung, im Zusammenhang mit der religiösen Erziehung in den Klassenräumen der Volksschulen Kruzifixe oder Kreuze anzubringen,[5] stellte zumindest so lange eine unzulässige staatliche Partei-nahme zugunsten einer bestimmten religiös-weltanschaulichen Auffassung dar, wie nicht auch die Anbringung der Symbole anderer Bekenntnisse möglich war oder den betroffenen Angehörigen anderer Bekenntnisse ein Widerspruchsrecht oder eine Ausweichmöglichkeit geboten wurde.[6]

Derartige Konstellationen sind mit den Instrumenten des Verfassungs-rechts gut zu bewältigen, weil die religiös-weltanschauliche Parteilichkeit den einschlägigen Normen und Maßnahmen bereits auf die Stirn geschrie-ben steht. Dem Urheber der jeweiligen Norm oder Maßnahme kann hier unterstellt werden, er habe die Privilegierung oder Diskriminierung beab-sichtigt. Oder anders gesagt: Die religiös-weltanschauliche Parteilichkeit oder Voreingenommenheit ist gerade der Grund für die Ausgestaltung des staatlichen Handelns. Dass die öffentliche Gewalt keine wertenden Differen-zierungen anhand religiös-weltanschaulicher Kriterien beabsichtigen darf,

---

[4] BVerfGE 93, 1 ff. Aus der unübersehbaren Literatur zu dieser Entscheidung vgl. nur *W. Brugger/S. Huster* (Hrsg.), Der Streit um das Kreuz in der Schule, 1998.

[5] § 13 Abs. 1 S. 3 der bayerischen Volksschulordnung lautete: „Die Schule unterstützt die Erziehungsberechtigten bei der religiösen Erziehung der Kinder. Schulgebet, Schulgottesdienst und Schulandacht sind Möglichkeiten dieser Unter-stützung. In jedem Klassenzimmer ist ein Kreuz anzubringen. Lehrer und Schüler sind verpflichtet, die religiösen Empfindungen aller zu achten."

[6] Die bayerische Neuregelung sieht nun ein Widerspruchsrecht vor und stellt die Anbringung des Schulkreuzes zudem in einen zivilreligiös-werteerzieherischen Kontext: „Angesichts der geschichtlichen und kulturellen Prägung Bayerns wird in jedem Klassenraum ein Kreuz angebracht. Damit kommt der Wille zum Ausdruck, die obersten Bildungsziele der Verfassung auf der Grundlage christlicher und abendländischer Werte unter Wahrung der Glaubensfreiheit zu verwirklichen. Wird der Anbringung des Kreuzes aus ernsthaften und einsehbaren Gründen des Glaubens oder der Weltanschauung durch die Erziehungsberechtigten wider-sprochen, versucht der Schulleiter eine gütliche Einigung. Gelingt die Einigung nicht, hat er nach Unterrichtung des Schulamtes für den Einzelfall eine Regelung zu treffen, welche die Glaubensfreiheit des Widersprechenden achtet und die religiösen und weltanschaulichen Überzeugungen aller in der Klasse Betroffenen zu einem gerechten Ausgleich bringt; dabei ist der Wille der Mehrheit soweit möglich zu berücksichtigen" (§ 7 Abs. 3 des Gesetzes über das Erziehungs- und Unterrichtswesen). Das Bundesverwaltungsgericht, NJW 1999, S. 3063 ff., hat diese Regelung im Grundsatz gebilligt. Zur weiteren Diskussion vgl. *S. Huster*, Die ethische Neutralität des Staates, 2002, S. 243 ff. m.w.N.

ist aber im Verfassungsrecht unumstritten; seinen traditionellen Ausdruck findet diese Einsicht im sog. Identifikationsverbot.[7] In der Begrifflichkeit der neueren sozialphilosophischen Diskussion formuliert ist die öffentliche Gewalt insoweit einem Gebot der Begründungsneutralität verpflichtet: Ihre Maßnahmen dürfen nicht mit der Wahrheit oder Vorzugswürdigkeit einer religiös-weltanschaulichen Überzeugung begründet werden, die in einer pluralistischen Gesellschaft permanent umstritten ist.[8] Dies zu tun, hieße nämlich, nicht allen Bürgern in ihrem Anspruch auf eine prinzipiell nachvollziehbare Begründung des staatlichen Handelns gleiche Achtung und gleichen Respekt zu erweisen. Sieht man darin die Begründung der staatlichen Neutralität, so wird deutlich, dass dieses Gebot nicht nur ein strategisches Instrument zur Sicherung des inneren Friedens darstellt, wie seine historische Rekonstruktion nahelegen könnte, sondern Ausdruck des gleichen Achtungsanspruchs eines jeden und somit des normativen Fundaments unserer politischen Ordnung ist.

Grundrechtsdogmatisch kommt dies darin zum Ausdruck, dass die Grundrechte nicht nur Freiheit, sondern gleiche Freiheit gewährleisten: Sie schützen nicht nur gegen zu intensive Freiheitsbeeinträchtigungen, sondern auch gegen Eingriffe aus den „falschen" – nämlich in religiös-weltanschaulicher Hinsicht parteiischen – Gründen; in diesem Sinne besteht eine enge Verwandtschaft zwischen dem Verhältnismäßigkeits- und dem Neutralitätsgrundsatz. Dies führt allerdings auch dazu, dass die Schutzwirkung der Grundrechte erst durch einen Neutralitätsgedanken konkretisiert wird.[9] Die These, das Kopftuch einer Lehrerin stelle einen intensiveren Eingriff in die Glaubensfreiheit dar als das Schulkreuz, weil es aufgrund der Vorbildfunktion der Lehrerin eher zu einer Beeinflussung der Schüler kommen könne, liegt daher neben der Sache:[10] Nicht die Beeinflussung

---

[7] Zum Prinzip der Nicht-Identifikation vgl. grundlegend *H. Krüger*, Allgemeine Staatslehre, 2. Aufl. 1966, S. 178 ff.

[8] Zum Neutralitätsgebot vgl. insbesondere *J. Rawls*, Political Liberalism, 1993, S. 190 ff.; *R. Dworkin*, Liberalism, in: ders., A Matter of Principle, 1985, S. 181 (191 ff.); *Ch. Larmore*, Strukturen moralischer Komplexität, 1995, S. 43 ff.; *T. Nagel*, Eine Abhandlung über Gleichheit und Parteilichkeit, 1994, S. 214 ff.; *B. Ackerman*, Social Justice in the Liberal State, 1980, passim.

[9] Ausführlich dazu *Huster* (Fn. 6), S. 129 ff. Diesen Zusammenhang übersieht etwa die Fundamentalkritik am Neutralitätsbegriff bei *F. Holzke*, Die „Neutralität" des Staates in Fragen der Religion und Weltanschauung, NVwZ 2003, S. 903 ff.; zu Recht kritisch dazu *G. Czermak*, Zur Rede von der religiös-weltanschaulichen Neutralität des Staates, NVwZ 2003, S. 949 ff.

[10] So aber jetzt insbesondere *R. Pofalla*, Kopftuch ja – Kruzifix nein?, NJW 2004, S. 1218 ff.

als solche ist das Problem, sondern deren staatliche Veranlassung – und insoweit besteht zwischen dem staatlich angeordneten Kreuz und dem staatlich nur geduldeten Kopftuch der Lehrerin ein entscheidender Unterschied.

Nun ist für den aufmerksamen Beobachter aber sofort ersichtlich, dass sich mit diesem Gebot der Begründungsneutralität und der grundrechtlichen Abwehr parteiischer Eingriffe nur ein Teil der aktuellen religionsrechtlichen Konflikte beschreiben und lösen lässt – und zudem ein relativ kleiner Teil: Die offene und beabsichtigte staatliche Diskriminierung oder Missionierung hat einen schweren Stand in einer offenen und freiheitlichen Ordnung, in der das staatliche Handeln begründet werden muss und die den Neutralitätsgedanken verinnerlicht hat, so dass der Verweis auf die Wahrheit oder Unwahrheit einer bestimmten religiös-weltanschaulichen Überzeugung als Begründung nicht mehr akzeptiert wird. Die religionsrechtlichen Konflikte der letzten Jahre haben daher weithin auch eine ganz andere Struktur: Sie beruhen nicht darauf, dass sich das staatliche Handeln unzulässigerweise an religiös-weltanschaulichen Unterschieden orientiert, sondern sie ergeben sich – sozusagen im Gegenteil – daraus, dass es religiös-weltanschauliche Differenzen und Besonderheiten ignoriert. Nicht die Differenzwahrnehmung, sondern die Differenzblindheit ist das Problem. Um dies an einigen Beispielen zu illustrieren:

– Die Einrichtung des Sport- und Sexualkundeunterrichts an öffentlichen Schulen verfolgt zunächst Bildungs- und Erziehungsziele, die in weltanschaulicher Hinsicht unverdächtig sind. Erst die religiös begründete Weigerung, sich in bestimmte Situationen zu begeben oder mit bestimmten Darstellungen konfrontiert zu werden, erzeugt insoweit ein Problem.[11]

– Das tierschutzrechtliche Gebot, Wirbeltiere möglichst schmerzfrei und daher nur nach vorheriger Betäubung zu töten, hat – jedenfalls heute[12] – keinen spezifischen weltanschaulichen Hintergrund und verfolgt keine religiöse Diskriminierungsabsicht. Es führt nur deshalb

---

[11] Zur Teilnahme am Sport- und Schwimmunterricht vgl. BVerwGE 94, 82 ff.; BVerwG, DVBl. 1994, S. 168 f.; zum Sexualkundeunterricht vgl. BVerfGE 47, 46 ff.; BVerwGE 57, 360 ff. Zur Befreiung von einer Klassenfahrt vgl. jetzt – mit problematischer Hilfsbegründung – OVG Münster, NJW 2003, S. 1754 f.; kritisch dazu *S. Rixen*, Krankheit oder Glaubensfreiheit?, NJW 2003, S. 1712 ff.

[12] Damit soll der nationalsozialistische Ursprung des Schächtverbots nicht geleugnet werden; er dürfte aber für dessen heutige Beurteilung nicht mehr von Bedeutung sein.

zu Konflikten, weil es den Umstand ignoriert, dass bestimmte Religionsgemeinschaften religiös begründete Speisevorschriften kennen, die
mit diesem Gebot kollidieren.[13]
- Die Ausrichtung des Religionsunterrichts und der Erwerb des Körperschaftsstatus setzen voraus, dass die jeweilige Religionsgemeinschaft
eine gewisse organisatorische Verfestigung aufweist. Dies dient der
Sicherstellung der notwendigen Kontinuität der Zusammenarbeit von
Staat und Religionsgemeinschaft. Es führt allerdings zu Schwierigkeiten
für diejenigen Religionsgemeinschaften, die keine derartige Organisa-
tionsstruktur besitzen.[14]

---

[13] Zur verfassungsrechtlichen Beurteilung des Schächtverbotes vgl. jetzt BVerfGE
104, 337 ff.; dazu vgl. etwa *N. Arndt/M. Droege*, Das Schächturteil des BVerfG
– Ein „Dritter Weg" im Umgang mit der Religionsausübungsfreiheit, ZevKR 48
(2003), S. 188 ff.; *R. Faller*, Schächten als Konkurrenzproblem?, KJ 2002, S. 227
ff.; *K.-E. Hain/P. Unruh*, Neue Wege in der Grundrechtsdogmatik?, DÖV 2003,
S. 147 ff.; *K.-H. Kästner*, Das tierschutzrechtliche Verbot des Schächtens aus der
Sicht des Bundesverfassungsgerichts, JZ 2002, S. 491 ff.; *T. M. Spranger*, Die Figur
der „Schutzbereichsverstärkung", NJW 2002, S. 2074 ff.; *G. Sydow*, Ausnahmege-
nehmigung für das Schächten, Jura 2002, S. 615 ff.; *U. Volkmann*, Anmerkung,
DVBl. 2002, S. 332 ff.; *F. Wittreck*, Religionsfreiheit als Rationalisierungsverbot,
Der Staat 42 (2003), S. 519 ff.
[14] Zur Teilnahme islamischer Glaubensgemeinschaften am Religionsunterricht
vgl. etwa *T. Anger*, Islam in der Schule, 2003, S. 299 ff., 350 ff.; *A. v. Cam-
penhausen*, Staatskirchenrecht, 3. Aufl. 1996, S. 245 ff.; *G. Eiselt*, Islamischer
Religionsunterricht an öffentlichen Schulen in der Bundesrepublik Deutschland,
DÖV 1981, S. 205 ff.; *A. Emenet*, Verstößt die „Islamische Unterweisung"
in Nordrhein-Westfalen gegen die Verfassung?, NWVBl. 2004, S. 214 ff.; *F.
Fechner*, Islamischer Religionsunterricht an öffentlichen Schulen, NVwZ 1999,
S. 735 ff.; *H.-P. Füssel/T. Nagel*, Islamischer Religionsunterricht und Grundgesetz,
EuGRZ 1985, S. 497 ff.; *M. Heckel*, Religionsunterricht für Muslime?, JZ 1999,
S. 741 ff.; *ders.*, Unterricht in Islam an deutschen Schulen – seine Gründe und
Formen, Voraussetzungen und Grenzen, RdJB 2004, S. 39 ff.; *H. M. Heimann*,
Alternative Organisationsformen islamischen Religionsunterrichts, DÖV 2003,
S. 238 ff.; *B. Jeand'Heur/S. Korioth*, Grundzüge des Staatskirchenrechts, 2000,
Rn. 324 ff.; *S. Korioth*, Islamischer Religionsunterricht und Art. 7 III GG, NVwZ
1997, S. 1041 ff.; *S. Muckel*, Islamischer Religionsunterricht und Islamkunde an
öffentlichen Schulen in Deutschland, JZ 2001, S. 58 ff.; *M. Rohe*, Rechtliche
Perspektiven eines islamischen Religionsunterrichts in Deutschland, ZRP 2000,
S. 207 ff.; *M. Stock*, Islamunterricht: Religionskunde, Bekenntnisunterricht oder
was sonst?, 2003. Zur Diskussion um den Körperschaftsstatus vgl. jetzt umfassend
H. M. Heinig, Öffentlich-rechtliche Religionsgesellschaften, 2003.

– Die Verpflichtung der öffentlichen Schule zur religiös-weltanschaulichen
Neutralität und die damit verbundene Zurückhaltungspflicht des Lehrpersonals dienen gerade der Gleichberechtigung aller Überzeugungen
und Bekenntnisse. Wiederum ergibt sich ein Konflikt erst daraus,
dass diese Zurückhaltungspflicht nicht berücksichtigt, dass es für die
Angehörigen bestimmter Überzeugungen auch in der Schule nicht
akzeptabel ist, auf eine religiös geprägte Kleidung zu verzichten.[15]

Der naheliegende und traditionelle Weg, derartige Spannungen zwischen
an sich weltanschaulich neutralen Verhaltensanforderungen und religiösen
Sonderbedürfnissen zu entschärfen, besteht in der Gewährung von Befreiungsansprüchen: Ist ausnahmsweise ein Grundrechtsträger durch eine
allgemeine Verhaltenspflicht in qualifizierter Weise in seinen religiösen oder
religiös motivierten Bedürfnissen betroffen, kann ihm Art. 4 GG einen
Anspruch darauf verleihen, von dieser Verhaltenspflicht befreit zu werden.
Allerdings kann diese Vorgehensweise – und das ist der entscheidende
Punkt – nur punktuell wirken. Auf der grundrechtsdogmatischen Ebene
kommt dies zum einen darin zum Ausdruck, dass die Schutzbereiche der
einschlägigen Grundrechte begrenzt sind – und begrenzt sein müssen,
wenn nicht die gesamte Rechtsordnung unter den Vorbehalt abweichender
religiöser Überzeugungen gestellt werden soll. Dies legt eine gewisse Skepsis
hinsichtlich der Großzügigkeit nahe, mit der bisher der Schutzbereich
des Art. 4 Abs. 1 und 2 GG als umfassende – und zudem vorbehaltlos
gewährleistete – Religionsfreiheit bestimmt worden ist.[16] Zum anderen
kann nicht jeder grundrechtlich fundierte Exemtionsanspruch erfolgreich
sein; er muss vielmehr einem Abwägungsvorbehalt unterliegen. Dabei wird
die Intensität der Beeinträchtigung religiös-weltanschaulicher Belange das
eine, die Bedeutung der von der öffentlichen Gewalt verfolgten Ziele das
andere Moment sein, das hier zu berücksichtigen ist. So hat auch die
Rechtsprechung eine Befreiung vom Sportunterricht aufgrund religiös
motivierter Vorbehalte nicht ohne weiteres gewährt, sondern von dem
Betroffenen die Darlegung verlangt, dass er „durch verbindliche Ge- oder
Verbote seines Glaubens gehindert ist, der gesetzlichen Pflicht zu genügen,
und dass er in einen Gewissenskonflikt gestürzt würde, wenn er entgegen
den Ge- oder Verboten seines Glaubens die gesetzliche Pflicht erfüllen

---

[15] Vgl. dazu im einzelnen unter II.
[16] Zur Diskussion vgl. *Huster* (Fn. 6), S. 376 ff. m.w.N. Kritisch zu Versuchen,
den Schutzbereich einengend zu interpretieren, aber zuletzt *H. M. Heinig/M.
Morlok*, Von Schafen und Kopftüchern, JZ 2003, S. 777 (778 ff.).

müsste." Zudem wurde eine Erstreckung des Befreiungsanspruchs auf weitere Schulfächer ausdrücklich zurückgewiesen.[17]

Dass dem Verfahren, religiös-weltanschauliche Konflikte über Befreiungsansprüche zu lösen, letztlich enge Grenzen gesetzt sind, hängt mit einer grundsätzlichen Eigenschaft moderner politischer Ordnungen zusammen. Diese Ordnungen können und wollen von vornherein nicht garantieren, dass alle Überzeugungen und Lebensformen in staatlichen Institutionen und im gesellschaftlichen Leben in gleicher Weise zurechtkommen. Dies zu verlangen, hieße, nicht nur eine Begründungs-, sondern auch eine Wirkungsneutralität des staatlichen Handelns zu verlangen, die weder möglich noch wünschenswert ist. Sie ist nicht wünschenswert, weil sich für die Bürger ohne einen Wettbewerb, eine Konkurrenz der Überzeugungen und Lebensformen nicht herauskristallisieren könnte, welche Überzeugungen und Lebensformen letztlich vorzugswürdig sind. Dies heißt aber per definitionem, dass man damit rechnen muss, dass die konkurrierenden Welt- und Lebensentwürfe unterschiedlich erfolgreich sein werden; es kann hier keinen „Artenschutz" geben.[18]

Die Forderung nach einer Wirkungsneutralität geht aber auch prinzipiell an den Möglichkeiten einer politischen Ordnung vorbei: Jedes Handeln – und auch Unterlassen – der öffentlichen Gewalt kann auf irgendeine Lebensform eine vorteilhafte oder nachteilige Wirkung ausüben. Nicht nur der Sport-, Schwimm- oder Sexualkundeunterricht, sondern bereits die Schulpflicht als solche und ganz gewiss die curriculare Gestaltung der einzelnen Schulfächer üben vielfältige und sehr unterschiedliche Wirkungen aus;[19] entsprechendes ließe sich für nahezu alle staatlichen Tätigkeitsbereiche nachweisen. In gewisser Weise ist die gesamte freiheitliche Ordnung strukturell parteilich, weil sie Überzeugungen und Lebensformen bevorzugt,

---

[17] Vgl. BVerwGE 94, 82 ff.

[18] Zu diesem Begriff im Zusammenhang mit der verwandten Debatte um eine Politik des Multikulturalismus vgl. *J. Habermas*, Anerkennungskämpfe im demokratischen Rechtsstaat, in: Amy Gutmann (Hrsg.), Charles Taylor, Multikulturalismus und die Politik der Anerkennung, 1993, S. 164 (171 ff.).

[19] Es entsteht dann die bekannte Paradoxie, dass ein Schulunterricht – etwa der Sexualkunde- oder Biologieunterricht –, der auf eine bestimmte religiösweltanschauliche Färbung verzichtet, gerade aufgrund dieses Verzichts als nicht-neutral kritisiert werden kann. Vgl. dazu etwa die nordamerikanische Diskussion um die „kreationistische" Kritik der Vermittlung der Evolutionstheorie in der Schule; ausführlich dazu *M. George*, And then God Created Kansas? The Evolution/Creationism Debate in America's Public Schools, Univ. of Pennsylvania LR 149 (2001), S. 843 ff.

die ihren Anhängern die Existenz in einer derartigen Ordnung erleichtern. Mit punktuellen Befreiungsansprüchen kann man gewährleisten, dass dies im Einzelfall nicht zu identitätsgefährdenden Belastungen führt. Aber es ist nicht möglich, das Gemeinwesen auf eine Weise einzurichten, die allen Überzeugungen und Lebensformen in gleicher Weise entspricht. Darauf beruht die grundlegende strukturelle Einsicht der Rechtsphilosophie Kants, dass bei der Verwaltung des gemeinen Wesens einem jeden das Rechte gesichert werden muss, während in Ansehung der Glückseligkeit gar kein allgemein gültiger Grundsatz für Gesetze gegeben werden kann.[20] Dieser Einsicht entspricht die Ablehnung eines Prinzips der Wirkungsneutralität staatlichen Handelns in der neueren sozialphilosophischen Diskussion.[21]

Die Schlussfolgerung für das Verfassungsrecht kann daher nur lauten: Gewährleistet werden muss – nur, aber immerhin – die Begründungsneutralität des staatlichen Handelns, d.h. die Abwehr einer absichtlichen Diskriminierung in religiös-weltanschaulicher Hinsicht. Es ist dann grundsätzlich Aufgabe der unterschiedlichen Bekenntnisse und Lebensformen, sich mit und innerhalb dieser Ordnung zu arrangieren. Das wird manchen leichter, anderen dagegen nur sehr schwer gelingen; und letztere werden das Gefühl einer Benachteiligung haben. Dies ist aber ein Irrtum, weil keine Überzeugung und keine Lebensform einen Anspruch darauf haben kann, dass die politische und gesellschaftliche Ordnung in einer Weise eingerichtet wird, die ihren Bedürfnissen in besonderer Weise entgegenkommt. Übrigens legt dies zumindest im Hinblick auf

---

[20] *I. Kant*, Über den Gemeinspruch, in: ders., Werke in zehn Bänden. Hrsg. V. W. Weischedel, Bd. 9, 1983, S. 125 (154).

[21] Aus der umfangreichen Diskussion zu dieser Frage vgl. *R. J. Arneson*, Neutrality and Utility, Canadian Journal of Philosophy 20 (1990), S. 215 (217 ff.); *K. Baynes*, Liberale Neutralität, Pluralismus und deliberative Politik, in: B. van den Brink/W. van Reijen (Hrsg.), Bürgergesellschaft, Recht und Demokratie, 1995, S. 432 (435); *R. Forst*, Kontexte der Gerechtigkeit, 1994, S. 82; *W. A. Galston*, Liberal Purposes, 1992, S. 100 ff.; *W. Kymlicka*, Liberalism, Community and Culture, 1989, S. 96 f.; *ders.*, Liberal Individualism and Liberal Neutrality, Ethics 99 (1989), S. 883 ff.; *ders.*, Contemporary Political Philosophy, 1990, S. 233 f.; *Larmore* (Fn. 8), S. 46 ff.; *ders.*, Politischer Liberalismus, in: A. Honneth (Hrsg.), Kommunitarismus, 1993, S. 131 (134); *E. Mack*, Liberalism, Neutralism, and Rights, in: J. R. Pennock/J. W. Chapman (Hrsg.), Religion, Morality, and the Law, 1988, S. 46 ff.; *Nagel* (Fn. 8), S. 230 ff.; *Rawls* (Fn. 8), S. 190 ff.; G. Sher, Beyond Neutrality, 1997, S. 22 ff.; *J. Waldron*, Legislation and Moral Neutrality, in: R. E. Goodin/A. Reeve (Hrsg.), Liberal Neutrality, 1989, S. 61 (66 ff.); *S. Wall*, Liberalism, Perfectionism and Restraint, 1988, S. 29 ff.

Religion und Weltanschauung eine große Zurückhaltung gegenüber der
Rechtsfigur der mittelbaren Diskriminierung und gegenüber multikul-
turalistischen Schutz- und Förderklauseln nahe. Jeder kann versuchen,
seine Bedürfnisse im politischen Verfahren zur Geltung zu bringen; aber
er kann nicht verlangen, dass das Verfassungsrecht ihm von vornherein
jede Anpassungsleistung an das – aus guten Gründen – grundsätzlich
„differenzblinde" staatliche Recht erspart.

II. Integration vs. Trennung

Angesichts der zunehmenden religiös-weltanschaulichen Individualisierung
und Pluralisierung in unserer Gesellschaft stellt sich immer häufiger die
Frage, wie das staatliche Recht und die öffentlichen Institutionen auf
diese Phänomene reagieren sollen: Sollen die unterschiedlichen Überzeugungen und Lebensformen wohlwollend integriert werden, oder
empfiehlt es sich, einer mehr oder weniger strikten Trennung von Staat
und religiös-weltanschaulichen Sachverhalten den Vorzug zu geben? Das
Bundesverfassungsgericht hat für die öffentliche Schule, in der sich diese
Frage mit besonderer Intensität stellt, anlässlich der Kopftuch-Problematik
darauf nun geantwortet: Dies entscheidet nicht die Verfassung (also das
Bundesverfassungsgericht), sondern die Politik (also der Gesetzgeber).[22]
Dieses Urteil ist vielfach als Überraschung empfunden worden, da
in der juristischen Diskussion um das Kopftuch der Lehrerin[23] fast

---

[22] BVerfG, NJW 2003, S. 3111 ff.

[23] Vgl. *Anger* (Fn. 14), S. 246 ff.; *J. Bader*, Darf eine muslimische Lehrerin in
der Schule ein Kopftuch tragen?, VBlBW 1998, S. 361 ff.; *M. Bertrams*, Lehrerin
mit Kopftuch? Islamismus und Menschenbild des Grundgesetzes, DVBl. 2003,
S. 1225 ff.; *E.-W. Böckenförde*, „Kopftuchstreit" auf dem richtigen Weg?, NJW
2001, S. 723 ff.; *G. Britz*, Das verfassungsrechtliche Dilemma doppelter Fremdheit:
Islamische Bekleidungsvorschriften für Frauen und Grundgesetz, KJ 2003, S. 95
ff.; *A. Debus*, Der Kopftuchstreit in Baden-Württemberg, KJ 1999, S. 430 ff.; *dies.*,
Machen Kleider wirklich Leute?, NVwZ 2001, S. 1355 ff.; *H. Goerlich*, Distanz
und Neutralität im Lehrberuf, NJW 1999, S. 2929 ff.; *C. Goos*, Kruzifix und
Kopftuch – Anmerkungen zur Religionsfreiheit von Lehrerinnen und Lehrern, ZBR
2003, S. 221 ff.; *R. Halfmann*, Der Streit um die „Lehrerin mit Kopftuch", NVwZ
2000, S. 862 ff.; *C. Hillgruber*, Der deutsche Kulturstaat und der muslimische
Kulturimport, JZ 1999, S. 538 (543 f.); *S. Huster*, Warum die Lehrerin (k)ein
Kopftuch tragen darf, in: FS Tsatsos, 2003, S. 215 ff.; *N. Janz/S. Rademacher*,
Islam und Religionsfreiheit, NVwZ 1999, S. 706 (710 ff.); *dies.*, Das Kopftuch
als religiöses Symbol oder profaner Bekleidungsgegenstand, JuS 2001, S. 440 ff.;

alle Beteiligten der Ansicht waren, mit verfassungsrechtlichen Vorgaben
zwingend ein bestimmtes Ergebnis begründen zu können: Während auf
der einen Seite behauptet wurde, der Staat dürfe das Kopftuch aufgrund
des verfassungsrechtlichen Neutralitätsgebotes und der Grundrechte der
Schüler und ihrer Eltern nicht zulassen, er *müsse* es also *verbieten*,[24] trug die

---

B. Jeand'Heur/S. Korioth, Grundzüge des Staatskirchenrechts, 2000, Rn. 130;
M. Jestaedt, Grundrechtsschutz vor staatlich aufgedrängter Ansicht, in: FS Listl,
1999, S. 259 ff.; *K.-H. Kästner*, Religiös akzentuierte Kleidung des Lehrpersonals
staatlicher Schulen, in: FS M. Heckel, 1999, S. 359 ff.; *C. Langenfeld*, Staatlicher
Bildungsauftrag und religiöse Selbstbestimmung, in: R. Grote/T. Marauhn (Hrsg.),
Religionsfreiheit zwischen individueller Selbstbestimmung, Minderheitenschutz und
Staatskirchenrecht – Völker- und verfassungsrechtliche Perspektiven, 2001, S. 311,
349 ff.; *S. Lanzerath*, Religiöse Kleidung und öffentlicher Dienst, 2003, passim;
G. Lübbe-Wolff, in: H. Dreier, Grundgesetz-Kommentar, Bd. II, 1998, Art. 33 Rn.
42; *Morlok/Heinig* (Fn. 16), S. 783 ff.; *S. Muckel*, in: K.-H. Friauf/W. Höfling,
Berliner Kommentar zum Grundgesetz, Art. 4 Rn. 50; *ders.*, Gleicher Zugang zu
jedem öffentlichen Amte – auch für muslimische Lehrerinnen mit Kopftuch?, in:
FS Link, 2003, S. 331 ff.; *S. Mückl*, Religionsfreiheit und Sonderstatusverhältnisse
– Kopftuchverbot für Lehrerinnen?, Der Staat 40 (2001), S. 96 ff.; *G. Neureither*,
Kopftuch – BVerwG, NJW 2002, 3344, JuS 2003, S. 541 ff.; *T. Rendtorff*, Kleider
machen Leute?, ZEE 43 (1999), S. 212 ff.; *G. Robbers*, Religion in der öffentlichen
Schule, RdJB 2003, S. 11 (16 ff.); *J. Rux*, Der Kopftuchstreit und kein Ende, ZAR
2002, S. 366 ff.; *ders.*, Anmerkung, DVBl. 2001, S. 1542 ff. Die Rechtsprechung
beurteilte den Fall bis zur Entscheidung des Bundesverfassungsgerichts uneinheitlich;
vgl. einerseits VG Lüneburg, NJW 2001, S. 767 ff.; andererseits BVerwG, NJW
2002, S. 3344 ff.; OVG Lüneburg, NVwZ-RR 2002, S. 658 ff.; VGH Mannheim,
NJW 2001, S. 2899 ff.; VG Stuttgart, NVwZ 2000, S. 959 ff.

[24] Vgl. die Ergebnisformulierungen etwa bei *Bader* (Fn. 23), S. 364 („folgt
daraus, dass eine Lehrerin im Schulbereich nicht aus religiösen Gründen ein
Kopftuch tragen darf"); *Goerlich* (Fn. 23), S. 2933 („dass Lehrpersonen in Ausübung
ihres Amtes in öffentlichen Schulen heute ihre Erscheinung nicht mehr [...] durch
religiöse Symbole prägen können"); *Halfmann* (Fn. 23), S. 868 („Für Lehrer bleibt
es dabei, dass das Tragen religiöser Symbole während ihrer Lehrtätigkeit unzulässig
ist."); *Jestaedt* (Fn. 23), S. 298 („Dass die Lehrerin im Unterricht ein islamisches
Kopftuch so wenig tragen darf [...], dürfte [...] gewiß sein"); *Kästner*, in: FS M.
Heckel (Fn. 23), S. 371 („in Anbetracht der in religiöser bzw. weltanschaulicher
Hinsicht bestehenden institutionellen Beschränkungen des Staates sogar prinzipiell
als geboten, einer Verwendung explizit religionsbezogener Kleidung durch staatliche
Lehrkräfte im öffentlichen Unterricht deutliche Schranken zu ziehen"). Auch das
Bundesverwaltungsgericht scheint zur verfassungsrechtlichen Notwendigkeit eines
Verbotes zu tendieren; die Entscheidung ist insoweit aber nicht ganz eindeutig, wenn
es dort heißt: „Die verfassungsrechtlich gebotene Rücksichtnahme des Staates auf
die Glaubensfreiheit grundschulpflichtiger Kinder und ihrer Eltern rechtfertigt es,

andere Seite vor, er sei durch die Religionsfreiheit der Bewerberin gebunden, *müsse* das Kopftuch also *zulassen*.[25] Tritt man einen Schritt zurück, so waren aber beide Positionen nicht überzeugend. Kann es wirklich sein – so wird man die Kopftuch-Verteidiger fragen dürfen –, dass die Bewerberin einen definitiven verfassungsrechtlichen Anspruch auf das Tragen des Kopftuches besitzt, obwohl sie sich freiwillig den beamtenrechtlichen Pflichten unterworfen hat und obwohl es durchaus denkbar ist, dass das Kopftuch – zumindest in bestimmten Konstellationen – zu erheblichen Konflikten und Spannungen in der Schule führen kann? Es wäre wohl zuviel des Verfassungsrechts, wenn man den Gestaltungsspielraum des Schulgesetzgebers in dieser Weise einengen wollte. Zudem kennen wir andere, zweifellos freiheitliche und demokratische Ordnungen, die auch das Grundrecht der Religionsfreiheit gewährleisten, in denen aber eine Lehrerin mit einem religiösen Symbol undenkbar wäre.

Ebenso stellt sich aber umgekehrt die Frage: Kann es aufgrund verfassungsrechtlicher Vorgaben tatsächlich zwingend geboten sein, das Kopftuch zu verbieten? Schließlich mag es eine Reihe von guten schulpolitischen Gründen geben, die dafür sprechen, dem gesellschaftlichen Pluralismus in religiös-weltanschaulichen Fragen auch in dieser Form Eingang in die öffentliche Schule zu verschaffen. So könnte der Schulgesetzgeber etwa der Ansicht sein, dass dies dazu beitragen könnte, die Akzeptanz der öffentlichen Schule für Kinder und Eltern islamischen Glaubens zu erhöhen und eine differenzierte Auseinandersetzung der Mehrheitskultur mit diesem Glauben anzuregen.[26] Und solange deutlich ist, dass es sich

---

Lehrerinnen an öffentlichen Grund und Hauptschulen (...) das religiös motivierte Kopftuchtragen im Unterricht zu untersagen. (...) Das verfassungsrechtliche Gebot religiöser Neutralität fordert (...) den Verzicht auf das Tragen eines 'islamischen Kopftuchs' im Unterricht" (BVerwG, NJW 2002, S. 3344, 3345 f.).

[25] In diesem Sinne etwa *Zuck* (Fn. 23), S. 2949 („Die Schavan-Ludin-Debatte muss deshalb zugunsten von Fereshta Ludin entschieden werden"). Unter dem Vorbehalt der Wahrung des Schulfriedens bejahen einen Anspruch *Böckenförde* (Fn. 23), S. 727 f.; *Debus*, NVwZ 2001 (Fn. 23), S. 1360; *Robbers* (Fn. 23), S. 17 ff.

[26] Derartige politische Erwägungen sollten aufgrund ihrer Struktur und ihrer Situationsabhängigkeit strikt von verfassungsrechtlichen Vorgaben unterschieden werden; vgl. dazu näher *S. Huster*, Wie und warum man politische Ziele und verfassungsrechtliche Argumente unterscheiden sollte: Eine Untersuchung am Beispiel des Ehe- und Familienschutzes im deutschen Verfassungsrecht, in: C. Hiebaum/P. Koller (Hrsg.), Politische Ziele und juristische Argumentation, 2003, S. 47 ff.; *ders.* (Fn. 6), S. 649 ff.

nicht um das Kopftuch des Staates, sondern um das Kopftuch der Lehrerin handelt, das der Dienstherr lediglich duldet, ergeben sich auch aus den Grundrechten der Schüler und ihrer Eltern keine definitiven Abwehrrechte.[27] Es ist weder der Lehrerin, die sich freiwillig in die öffentliche Schule begibt, unzumutbar, auf eine Manifestation ihres Glaubens in der Schule zu verzichten, noch können sich die Schüler und ihre Eltern im Ergebnis dagegen wehren, dass sie in der Schule mit dem religiös-weltanschaulichen Pluralismus konfrontiert werden. Das Bundesverfassungsgericht lag also völlig richtig mit seiner Ansicht, dass die Kopftuch-Problematik durch die Verfassung nicht abschließend entschieden wird und daher an den politischen Prozess zurückzugeben ist.[28]

Diese verfassungsrechtliche Unentschiedenheit ergibt sich auf der einen Seite daraus, dass – worauf häufig hingewiesen worden ist – das Grundgesetz kein Prinzip des Laizismus enthält und auch keinen „wall of separation" zwischen Staat und Kirche bzw. Religion errichtet[29] – dann wäre ein Kopftuch in der öffentlichen Schule nämlich von vornherein undenkbar. Nicht so deutlich wird dagegen gesehen, dass das Grundgesetz auf der anderen Seite auch nicht durchweg zu einer positiven oder offenen Neutralität verpflichtet, die den religiös-weltanschaulichen Pluralismus wohlwollend in öffentliche Institutionen integriert. Gerade für die Schule ist dies zwar immer wieder behauptet worden,[30] es stimmt aber mit dem verfassungsrechtlichen Normbestand nicht überein: Abgesehen von speziellen Regelungen – wie etwa Art. 7 Abs. 2 und 3 GG für den

---

[27] Vgl. dazu oben die Ausführungen bei Fn. 9 zum konstitutiven Zusammenhang von Grundrechtsschutz und staatlicher Neutralitätsverpflichtung.

[28] Diese grundlegende Erkenntnis ist zunächst ganz unabhängig von der – im entscheidenden Senat des Bundesverfassungsgerichts umstrittenen – Frage, ob und inwieweit ein Verbot religiöser Symbole im allgemeinen und des Kopftuches im besonderen einer speziellen gesetzlichen Grundlage bedarf (vgl. dazu jetzt insbesondere *M. Sachs*, Wiederbelebung des besonderen Gewaltverhältnisses?, NWVBl. 2004, S. 209 ff.). Der anlässlich der Entscheidung gegen das Gericht gelegentlich erhobene Vorwurf der Feigheit fällt damit auf diejenigen Politiker zurück, die ihn geäußert haben, selbst aber nicht zu einer politischen Entscheidung in dieser Sache fähig sind.

[29] Vgl. dazu jetzt die Darstellung bei *C. Walter*, Die „wall of separation between church and state" in den Vereinigten Staaten von Amerika, in: C. Grabenwarter/N. Lüdecke (Hrsg.), Standpunkte im Staatskirchen- und Kirchenrecht, 2002, S. 235 ff.

[30] Vgl. grundlegend *E.-W. Böckenförde*, Kreuze (Kruzifixe) in Gerichtssälen?, ZevKR 20 (1975), S. 119 (131 ff.).

Religionsunterricht –, die ersichtlich Ausnahmecharakter haben und deshalb keine Analogie zulassen, enthält sich das Grundgesetz einer Stellungnahme, ob sich die Schule und andere öffentliche Institutionen dem weltanschaulichen Pluralismus eher öffnen oder eher verschließen müssen.

In diese Richtung weist nun auch das Kopftuch-Urteil des Bundesverfassungsgerichts.[31] Zwar wird zunächst die bekannte Formel wiederholt, insbesondere in der Schule sei die gebotene staatliche Neutralität nicht als eine distanzierende, ausgrenzende Neutralität im Sinne einer strikten Trennung, sondern als eine offene, übergreifende, die Glaubensfreiheit für alle Bekenntnisse gleichermaßen fördernde Haltung zu verstehen. In der Sache billigt das Verfassungsgericht dem Gesetzgeber dann aber – durchaus nicht widerspruchsfrei – zu, dass „der mit zunehmender religiöser Pluralität verbundene gesellschaftliche Wandel (…) Anlass zu einer Neubestimmung des zulässigen Ausmaßes religiöser Bezüge in der Schule sein" könne. Dementsprechend heißt es, es stehe dem zuständigen Landesgesetzgeber frei, auf der Grundlage schul- und integrationspolitischer Überlegungen entweder die „zunehmende religiöse Vielfalt in die Schule aufzunehmen" oder im Gegenteil „der staatlichen Neutralitätspflicht im schulischen Bereich eine striktere und mehr als bisher distanzierende Bedeutung beizumessen und demgemäß auch durch das äußere Erscheinungsbild einer Lehrkraft vermittelte religiöse Bezüge von den Schülern grundsätzlich

---

[31] BVerfG, NJW 2003, S. 3111 ff. Vgl. dazu *S. Baer/M. Wrase*, Staatliche Neutralität und Toleranz, JuS 2003, S. 1162 ff.; *U. Battis/P. F. Bultmann*, Was folgt für den Gesetzgeber aus dem Kopftuchurteil des BVerfG?, JZ 2004, S. 581 ff.; *K. Engelken*, Nach dem Kopftuchurteil des Bundesverfassungsgerichts, BayVBl. 2004, S. 97 ff.; *ders.*, Schulgesetzregelungen der Länder zum Kopftuch, 2004; *J. Ipsen*, Karlsruhe locuta, causa non finita – Das BVerfG im so genannten „Kopftuch-Streit", NVwZ 2003, S. 1210 ff.; *K.-H. Kästner*, Anmerkung, JZ 2003, S. 1178 ff.; *C. Langenfeld*, Die Diskussion um das Kopftuch verkürzt das Problem der Integration, RdJB 2004, S. 4 ff.; *S. R. Laskowski*, Der Streit um das Kopftuch geht weiter, KJ 2003, S. 420 ff.; *M. Morlok*, Der Gesetzgeber ist am Zug: Zum Kopftuchurteil des Bundesverfassungsgerichts, RdJB 2003, S. 381 ff.; *G. Neureither*, Ein neutrales Gesetz in einem neutralen Staat, ZRP 2003, S. 465 ff.; *J. Rux*, Kleiderordnung, Gesetzesvorbehalt und Gemeinschaftsschule, ZAR 2004, S. 14 ff.; *ders.*, Ring frei für die nächste Runde: „Kopftuchgesetz" in Baden-Württemberg verabschiedet, ZAR 2004, S. 188 ff.; *U. Sacksofsky*, Die Kopftuch-Entscheidung – von der religiösen zur föderalen Vielfalt, NJW 2003, S. 3297 ff.; *E. Schwerdtner*, Das Kopftuch ein Beschäftigungshindernis?, VBlBW 2004, S. 137 ff.

fern zu halten, um Konflikte mit Schülern, Eltern und anderen Lehrkräften von vornherein zu vermeiden."[32]

Ob man in staatlichen Institutionen eher auf Integration oder auf Ausgrenzung religiös-weltanschaulicher Elemente setzt, muss jedes Gemeinwesen anhand seiner historischen Erfahrungen und seiner gesellschaftlichen Situation klären. Dabei handelt es sich – anders als bei der Gleichbehandlungsforderung des Neutralitätsgebotes – nicht um ein fundamentales Gerechtigkeitsproblem, sondern um eine Frage der gesellschaftspolitischen Klugheit, die jedenfalls das deutsche Verfassungsrecht nicht beantwortet. Diese Zurückhaltung ist durchaus von Vorteil: Angesichts der großen Herausforderung, den religiös-weltanschaulichen Pluralismus in modernen Gesellschaften zu bewältigen, sind verfassungsrechtliche Verfestigungen insoweit problematisch. Wichtig ist es vielmehr, der Politik ausreichenden Gestaltungsspielraum zu gewährleisten.[33] Das Religionsverfassungsrecht des Grundgesetzes bietet dafür aufgrund seiner mangelnden Festlegung in der Frage „positive oder negative Neutralität" eine gute Voraussetzung.[34] Die häufig beschworene „Weisheit", gar „Modernität" des deutschen Staatskirchenrechts[35] liegt gerade darin, dass es die großzügige Berücksichtigung religiös-weltanschaulicher Belange in staatlichen Institutionen und die Kooperation mit Religionsgemeinschaften ermöglicht, aber nicht gebietet. Die dadurch bewirkte politische Flexibilität ist das unvorhergesehene, aber nicht unplausible Resultat der „Formelkompromisse", als die sich die grundgesetzlichen Bestimmungen für das Verhältnis von Religion, Weltanschauung und Staat vielen Beobachtern darstellen.[36]

Auch für die Kopftuch-Problematik eröffnet diese Verfassungsrechtslage die Möglichkeit, unter Berücksichtigung gesellschaftspolitischer

---

[32] BVerfG, NJW 2003, S. 3111 (3115 f.).

[33] Die neuere Rechtsprechung des Bundesverfassungsgerichts scheint dies auch so zu sehen; vgl. jetzt etwa die ausgesprochen wohlwollende Aufnahme integrationspolitischer Erwägungen in der Entscheidung zu Aufenthaltsbeschränkungen für sozialhilfebedürftige Spätaussiedler (BVerfG, Urt. V. 17. 3. 2004, Az.: 1 BvR 1266/00, Abs. 30 ff.).

[34] Darin mag man auch einen Grund dafür sehen, dass eine Konvergenz der staatskirchenrechtlichen Ordnungen in Europa und insbesondere eine Flexibilisierung der strikten Trennungssysteme zu beobachten ist; vgl. dazu *G. Robbers*, Das Verhältnis von Staat und Kirche in Europa, ZevKR 42 (1997), S. 122 ff.

[35] Vgl. nur zuletzt *J. Winter*, Staatskirchenrecht der Bundesrepublik Deutschland, 2001, S. 145 f. m.w.N.

[36] Zu dieser Einschätzung als „Formelkompromisse" vgl. etwa *F. Hufen*, Entstehung und Entwicklung der Grundrechte, NJW 1999, S. 1504 (1506).

Erwägungen das Ausmaß religiöser Bezüge in der öffentlichen Schule festzulegen. Das Neutralitätsgebot sperrt sich insoweit weder einer ausgrenzenden noch einer integrativen Lösung. Es verlangt allerdings – und hier liegen die Probleme der aktuellen Gesetzgebung –, dass der Gleichbehandlungsgrundsatz strikt eingehalten wird. Die Gesetze bzw. Gesetzentwürfe in einigen Bundesländern wollen dagegen das Kopftuch der Lehrerin verbieten, gleichzeitig aber eine generelle Zurückdrängung religiöser Bezüge in der Schule vermeiden. Dies kommt unter Geltung des Neutralitätsgebotes dem Versuch der Quadratur des Zirkels nahe, wie die angebotenen Regelungsoptionen verdeutlichen.[37]

Zum einen wird insoweit mit einer gewissen Privilegierung christlicher Bildungs- und Erziehungsgehalte gearbeitet.[38] Dabei wird aber nicht hinreichend berücksichtigt, dass die landesverfassungsrechtlichen Vorschriften, auf die insoweit Bezug genommen wird, durch die verfassungsgerichtliche Rechtsprechung zur christlichen Gemeinschaftsschule eine erhebliche verfassungskonforme Reduktion erfahren haben: Die „Bejahung des Christentums", die in ihnen zum Ausdruck kommt, darf sich nämlich nur „auf die Anerkennung eines prägenden Kultur- und Bildungsfaktors, wie er sich in der abendländischen Geschichte herausgebildet hat, jedoch nicht auf Glaubenswahrheiten" beziehen; zudem muss auch die christliche Gemeinschaftsschule für andere weltanschauliche und religiöse Inhalte und Werte offen sein.[39] Welche religiös aussagekräftige Bekleidung eines Lehrers

---

[37] Zu einer kurzen Übersicht der getroffenen bzw. vorgeschlagenen Regelungen vgl. *Battis/Bultmann* (Fn. 31), S. 585 f.

[38] Vgl. etwa die Formulierung des neuen § 38 Abs. 2 SchulG BaWü: „Lehrkräfte an öffentlichen Schulen nach § 2 Abs. 1 dürfen in der Schule keine politischen, religiösen, weltanschaulichen oder ähnliche äußeren Bekundungen abgeben, die geeignet sind, die Neutralität des Landes gegenüber Schülern und Eltern oder den politischen, religiösen oder weltanschaulichen Schulfrieden zu gefährden oder zu stören. Insbesondere ist ein äußeres Verhalten unzulässig, welches bei Schülern oder Eltern den Eindruck hervorrufen kann, dass eine Lehrkraft gegen die Menschenwürde, die Gleichberechtigung der Menschen nach Artikel 3 des Grundgesetzes, die Freiheitsgrundrechte oder die freiheitlich-demokratische Grundordnung auftritt. Die Wahrnehmung des Erziehungsauftrags nach Artikel 12 Absatz 1, Artikel 15 Absatz 1 und Artikel 16 Absatz 1 der Verfassung des Landes Baden-Württemberg und die entsprechende Darstellung christlicher und abendländischer Bildungs- und Kulturwerte oder Traditionen widerspricht nicht dem Verhaltensgebot nach Satz 1."

[39] BVerfGE 41, 65, 78. Zum dilatorischen Charakter dieser Rechtsprechung, der in den aktuellen Gesetzen und Gesetzesentwürfen ausgenutzt wird, vgl. *Huster* (Fn. 6), S. 185 f.

– im Gegensatz zum Kopftuch – diesem Schulcharakter entsprechen und deshalb nach wie vor zulässig sein soll, bleibt rätselhaft.

Zum anderen hat man versucht, auf die politische Bedeutung des Kopftuches abzustellen, um eine selektive Vorgehensweise zu ermöglichen.[40] Tatsächlich ist die Schule berechtigt und sogar verpflichtet, dem Lehrpersonal die Zurschaustellung von Symbolen mit verfassungsfeindlichem Inhalt zu untersagen. Das Problem besteht hier nur darin, dass es keineswegs eindeutig und sogar eher unwahrscheinlich ist, dass das Kopftuch in allen Fällen eine derartige Bedeutung besitzt. Das Bundesverfassungsgericht hat jedenfalls eine Auslegung dieses Symbols aus einem objektiven Empfängerhorizont verlangt und klargestellt, dass das Kopftuch angesichts der Vielfalt der Motive seiner Trägerinnen nicht auf ein Zeichen gesellschaftlicher Unterdrückung der Frau verkürzt werden darf.[41] Eine Einzelfallprüfung wird daher aus Gleichheitsgründen unumgänglich sein, wenn man vor einer generellen gesetzlichen „Neubestimmung des zulässigen Ausmaßes religiöser Bezüge in der Schule" zurückscheut.[42] Dann stellt sich aber die Frage, ob ein spezielles Gesetz überhaupt erforderlich ist, oder ob nicht das allgemeine Schul- und Beamtenrecht zur Bewältigung der Konfliktlagen ausreicht. Eine gesetzliche Grundlage oder ein Gesetzesvollzug, die nur ein bestimmtes religiöses Symbol trotz seiner Vieldeutigkeit unter einen unwiderlegbaren Generalverdacht stellen, dürften mit dem Neutralitätsgrundsatz nicht mehr vereinbar sein.[43]

---

[40] So insbesondere *U. Battis/H. P. Bultmann*, Rechtswissenschaftliches Gutachten zu den Folgen des Kopftuchurteils des BVerfG vom 24. 9. 2003 für das Land Nordrhein-Westfalen im Auftrag der SPD-Fraktion des Landtages Nordrhein-Westfalen, LT-Drs. 13/2727 v. 12. 3. 2004.

[41] BVerfG, NJW 2003, S. 3111 (3114).

[42] Diese sieht der von *Battis/Bultmann* (Fn. 40) gemachte Vorschlag zur Ergänzung des § 56 SchulG NRW dann auch vor; er lautet: „Lehrerinnen und Lehrer dürfen im Dienst keine Kleidung oder Zeichen tragen oder in Schulräumen aufstellen oder anbringen, deren objektiver Erklärungsgehalt zu Grundwerten der Verfassung, insbesondere der Menschenwürde sowie den Freiheits- und Gleichheitsrechten, in Widerspruch steht und die geeignet sind, den Schulfrieden zu beeinträchtigen. Ob diese Voraussetzungen im Einzelfall vorliegen, ermittelt die Schulleitung im Zusammenwirken mit der Schulkonferenz. Die abschließende Entscheidung trifft die zuständige Schulaufsichtsbehörde."

[43] Problematisch ist daher der auf das Kopftuch zugeschnittene bayerische Gesetzentwurf (LT-Drks. 15/368 v. 18. 2. 2004), dessen insoweit entscheidender Passus lautet: „Äußere Symbole und Kleidungsstücke, die eine religiöse oder weltanschauliche Überzeugung ausdrücken, dürfen von Lehrkräften im Unterricht nicht getragen werden, sofern die Symbole oder Kleidungsstücke bei den Schülerinnen

In der aktuellen Kopftuch-Diskussion spiegelt sich damit ein grundsätz-
liches Dilemma der Religionspolitik in einer pluralistischen Gesellschaft.
Die wohlwollende Offenheit gegenüber Religionsgemeinschaften und
religiös-weltanschaulichen Überzeugungen mag in einer homogenen Gesellschaft mit weithin spannungsfreien religionssoziologischen Strukturen
angemessen sein. Sobald sich diese Strukturen verändern, kann diese
Offenheit jedoch zu Konflikten in den öffentlichen Institutionen führen.
Dies zwingt die Politik zu einer „Neubestimmung des zulässigen Ausmaßes
religiöser Bezüge", wenn neutralitätsrechtlich fragwürdige Differenzierun-
gen vermieden werden sollen.

III. Anerkennung vs. Toleranz

Die verfassungsrechtlichen Gleichbehandlungsgebote gelten für das
Handeln der öffentlichen Gewalt. In einer pluralistischen Gesellschaft,
in der Menschen mit unterschiedlichen Überzeugungen und Lebensformen
koexistieren, muss man sich darauf verlassen können, dass das staatliche
Recht diese Unterschiede ignoriert. Erst diese Neutralität des Staates ermöglicht es den Bürgern, ihr Leben frei und gleichberechtigt zu gestalten.
Es wäre aber ein fundamentales Missverständnis, ginge man davon aus,
dass sich das Recht gegenüber Überzeugungen und Lebensformen blind
stellen muss, weil sie ohne tiefere Bedeutung seien. Ganz im Gegenteil:
Gerade weil sie für die persönliche Identität prägend und zudem äußerst
umstritten und konfliktbeladen sein können, sind sie im Interesse staats-
bürgerlicher Gleichheit der rechtlichen Bewertung entzogen. Umgekehrt
heißt dies auch, dass die Neutralität, die der öffentlichen Gewalt insoweit
abverlangt wird, nicht von den Bürgern gefordert werden kann. Sie dürfen sich mit ihren Überzeugungen identifizieren und andere Ansichten
kritisieren – und sollen dies sogar tun, wie die Vordenker freiheitlicher
Gesellschaftsordnungen immer wieder betont haben: Ohne einen Wettbewerb und eine Auseinandersetzung der Überzeugungen und Lebensformen
werden wir nämlich nicht herausfinden können, welche die wahren und
richtigen sind.[44] In freiheitlichen und pluralistischen Gesellschaften wird
es daher immer tiefgreifende Konflikte geben; manche Menschen werden

---

und Schülern oder den Eltern *auch* als Ausdruck einer Haltung verstanden werden
können, die mit den verfassungsrechtlichen Grundwerten und Bildungszielen der
Verfassung einschließlich den christlich-abendländischen Bildungs- und Kulturwerten
nicht vereinbar ist." (Hervorhebungen hinzugefügt)

die Überzeugungen und Lebensformen ihrer Mitbürger für grundfalsch und verderblich halten.

Wenn dies eine zutreffende Beschreibung des Zustandes ist, in dem sich moderne Gesellschaften aus prinzipiellen Gründen und permanent befinden, wird es zweifelhaft, ob es legitim und klug ist, die Bürger durch ein Antidiskriminierungsgesetz zu einer Indifferenz gegenüber allen religiös-weltanschaulichen Unterschieden zu zwingen. Dieses Anliegen verfolgte aber der ursprüngliche deutsche Gesetzentwurf zur Umsetzung der europäischen Antidiskriminierungsrichtlinien in das Zivilrecht.[45] Die Richtlinie 2000/43/EG verpflichtet die Mitgliedstaaten der EU zu einem Verbot der Diskriminierung aus Gründen der Rasse oder der ethnischen Herkunft, das alle öffentlich angebotenen Waren und Dienstleistungen betrifft. Die parallele Richtlinie 2000/78/EG erfasst dagegen einen sehr viel weiteren Katalog von Differenzierungsmerkmalen – neben Behinderung, Alter und sexueller Ausrichtung auch Religion und Weltanschauung –, beschränkt das entsprechende Diskriminierungsverbot aber auf den Bereich der Arbeitswelt. Schon diese Richtlinien werfen eine Reihe von Fragen und Problemen auf, beruhen im Grundsatz aber auf einer einsichtigen Wertung: Ungleichbehandlungen aufgrund der Rasse und der ethnischen Herkunft entbehren eines nachvollziehbaren Grundes und sind deshalb immer derartig beleidigend und herabsetzend, dass es gerechtfertigt ist, sie aus dem gesamten öffentlichen Leben zu verbannen. Andere Unterschei-

---

[44] Besonders entschieden in diesem Sinne etwa die Begründung der Meinungsfreiheit bei *J. St. Mill*, Über die Freiheit, 1974, S. 24 ff.

[45] Vgl. dazu etwa *S. Baer*, Recht gegen Fremdenfeindlichkeit und andere Ausgrenzungen, ZRP 2001, S. 500 ff.; *dies.*, „Ende der Privatautonomie" oder grundrechtlich fundierte Rechtsetzung?, ZRP 2002, S. 290 ff.; *J.-H. Bauer*, Europäische Antidiskriminierungsrichtlinien und ihr Einfluss auf das deutsche Arbeitsrecht, NJW 2001, S. 2672 ff.; *K. Hailbronner*, Die Antidiskriminierungsrichtlinien der EU, ZAR 2001, S. 254 ff.; *H. M. Heinig*, Art. 13 EGV und die korporative Religionsfreiheit nach dem Grundgesetz, in: A. Haratsch u. a. (Hrsg.), Religion und Weltanschauung im säkularen Staat, 2001, S. 215 ff.; *S. Huster*, Diskriminierung verbieten?, Merkur, 57. Jg., Heft 649 (Mai 2003), S. 434 ff.; *M. Mahlmann*, Gleichheitsschutz und Privatautonomie, ZEuS 2002, S. 407 ff.; *J. Neuner*, Diskriminierungsschutz durch Privatrecht, JZ 2003, S. 57 ff.; *R. Nickel*, Handlungsaufträge zur Bekämpfung von ethnischen Diskriminierungen in der neuen Gleichbehandlungsrichtlinie 2000/43/EG, NJW 2001, S. 2668 ff.; *F.-J. Säcker*, „Vernunft statt Freiheit!" – Die Tugendrepublik der neuen Jakobiner, ZRP 2002, S. 286 ff.; und die Beiträge in *U. Rust u. a.* (Hrsg.), Die Gleichbehandlungsrichtlinien der EU und ihre Umsetzung in Deutschland (Loccumer Protokolle 40/03), 2003.

dungen müssen dagegen nur sanktioniert werden, soweit sie im Bereich von Beschäftigung und Beruf vorgenommen werden, für den aufgrund des Machtungleichgewichts zwischen Arbeitgeber und Arbeitnehmer schon immer arbeitsrechtliche Sonderregelungen galten.

Eben diese Abstufung nahm der ursprüngliche deutsche Gesetzentwurf aber nicht mehr vor. Er wollte das Diskriminierungsverbot für alle erwähnten Merkmale auf alle gesellschaftlichen Lebensbereiche übertragen. Auch der private Verkäufer oder Vermieter sollte einem umfassenden Diskriminierungsverbot unterliegen, sobald er einen Vertragsschluß öffentlich anbietet. Die Begründung des Gesetzesentwurfes schwingt zur Rechtfertigung dieser Vorgehensweise den volkspädagogischen Holzhammer: „Würden sich solche Vorschriften aber nur auf die beiden EG-rechtlich bereits vorbestimmten Diskriminierungsmerkmale (der Rasse und der ethnischen Herkunft) beschränken, würde die Wirkung der vorgesehenen Bestimmungen in ihr Gegenteil verkehrt. Ein solches Vorgehen könnte gerade diejenigen, für die die Gleichbehandlung ihrer Mitbürger keine Selbstverständlichkeit ist, zu dem fatalen Trugschluss verleiten, dass Benachteiligungen nach anderen Kriterien, als denen der Rasse und der ethnischen Herkunft, erlaubt seien. Zumindest würde der ebenso unglückliche Eindruck entstehen, als sollten die anderen Gruppen nicht besonders geschützt werden. Dem muss von vornherein entgegengewirkt werden. Das ist nur möglich, wenn das Benachteiligungsverbot breiter angelegt und auch auf andere Diskriminierungsmerkmale ausgedehnt wird." Dass diese rüde Form der symbolischen Rasenmäher-Gesetzgebung nicht auf ungeteilte politische Zustimmung stieß, ist nicht verwunderlich. Es stellt sich daher die grundsätzliche Frage, welche Unterscheidungen, die die Bürger im rechtsgeschäftlichen Verkehr untereinander vornehmen, aus der Sicht des staatlichen Rechts hingenommen oder verboten werden können und müssen. Ist es wirklich unerträglich und verbotsbedürftig, wenn – wie man in Wohnungsanzeigen gelegentlich lesen kann – ein christlicher Vermieter seine Wohnung nur an Gleichgesinnte vermieten möchte? Und sollte es nicht doch einen Unterschied machen, ob es sich bei der Wohnung um eine anonyme Kapitalanlage oder um eine Einliegerwohnung in seinem eigenen Haus handelt?

Es ist in diesem Zusammenhang viel von der gegenseitigen Anerkennung die Rede, die die Bürger sich schulden und die nun gesetzlich verankert werden soll. Was aber kann „Anerkennung" hier sinnvollerweise bedeuten? Man wird erwarten dürfen, dass die Bürger trotz aller Unterschiede friedlich zusammenleben und in diesem Sinne die gleichen Rechte des anderen anerkennen, aber man kann von Rechts wegen nicht verlangen, dass sie sich in ihren Differenzen schätzen oder gar bewundern. Den Befürwortern eines weitreichenden Antidiskriminierungsrechts scheint die Vision einer

Gesellschaft vor Augen zu stehen, in der sich alle Uneinigkeiten, wie man leben sollte, aufgelöst oder auf den Stellenwert bedeutungsloser Geschmacksfragen reduziert haben. Diese Vision ist aber weder realistisch noch erstrebenswert. Für moderne Gesellschaften ist es charakteristisch, dass es ihre Mitglieder miteinander aushalten, obwohl sie in zentralen Fragen von Weltanschauung und Lebensführung unterschiedlicher Meinung sind. Diese Meinungsverschiedenheiten gehen auch nicht, wie gelegentlich unterstellt wird, allein darauf zurück, dass einer der Beteiligten primitive Vorurteile pflegt, die ihm aberzogen werden müssen. Viel hängt hier von den Beispielen ab, die man zur Illustration heranzieht. Es gibt natürlich den unreflektierten Affekt gegen Homosexuelle und ungewohnte Religionen und Lebensformen. Aber es gibt auch eine hochgelehrte Moraltheologie, die Vorbehalte gegen gleichgeschlechtliche Partnerschaften begründet; ebenso beruht nicht jede Kritik des Islam – etwa hinsichtlich seiner Auffassung des Verhältnisses von Religion und Politik oder der Stellung der Frau – auf irrationalen Vorurteilen. Man mag dann das eine oder das andere oder beides immer noch für falsch halten, aber offensichtlich bewegen wir uns hier auf einer Diskussionsebene, die den Staat nichts angeht und die er mit gutgemeinter Volkspädagogik verfehlen muss.

Viel besser als der modische Anerkennungsbegriff bringt der klassische Begriff der Toleranz zum Ausdruck, welche Haltung die Mitglieder einer pluralistischen Gesellschaft besitzen müssen: die Fähigkeit zum friedlichen und gleichberechtigten Zusammenleben, obwohl man viele Überzeugungen und Lebensformen seiner Bürger entschieden ablehnt.[46] Diese Ablehnungskomponente, die den Toleranzbegriff definiert, weist zugleich darauf hin, dass es sich um eine anspruchsvolle Tugend handelt, die nicht überstrapaziert werden darf. Dass man Sünder, Falschgläubige und Verblendete als Mitglieder derselben Gesellschaft akzeptieren muss, ist schon schwer genug zu ertragen; man muss aber wenigstens die Möglichkeit haben, ihnen in seinem persönlichen Nahbereich aus dem Wege zu gehen. Ist es aber für die „ausgegrenzten" und „diskriminierten" Gruppen nicht doch tragisch, immer wieder einmal erleben zu müssen, dass ihre Überzeugungen oder ihre Lebensweise abgelehnt werden? Zweifellos ist das nicht immer einfach, aber in einer freiheitlichen Ordnung nicht zu vermeiden. Anerkennung muss hier erkämpft und erstritten werden;

---

[46] Aus der umfangreichen Literatur zum Toleranzbegriff, die in den letzten Jahren erschienen ist, vgl. nur R. Forst, Toleranz im Konflikt, 2003; ders. (Hrsg.), Toleranz. Philosophische Grundlagen und gesellschaftliche Praxis einer umstrittenen Tugend, 2000; D. Heyd (Hrsg.), Toleration. An Elusive Virtue. 1996.

das Recht kann diese Entwicklung schon deshalb nicht paternalistisch vorwegnehmen, weil es dem Staat aufgrund seiner Verpflichtung zur Neutralität gar nicht ansteht zu entscheiden, was Sinn und was Unsinn ist. Wenn etwa die Mitglieder der Zeugen Jehovas durch ihre fehlende gesellschaftliche „Anerkennung" dazu gebracht würden, nochmals darüber nachzudenken, ob sie mit ihrer Weltuntergangsideologie wirklich richtig liegen, muss das nicht unbedingt ein Schaden sein: Nicht alles verdient schließlich die Anerkennung, die es erheischt.

All dies spricht nicht grundsätzlich gegen ein Antidiskriminierungs-gesetz. Tatsächlich muss in einem Sozialstaat sichergestellt werden, dass jeder – welche Vorbehalte ihm gegenüber auch bestehen mögen – an den üblichen gesellschaftlichen Zusammenhängen teilnehmen kann. Soweit es sich um Gegenstände handelt, über die in begründeter Weise gestritten werden kann – und dazu gehören Religion und Weltanschauung fraglos –, sollte man aber erst gar nicht so tun, als dürften hier keine ernsthaften Zu- und Abneigungen existieren. Eine etwas robustere Auffassung des gesellschaftlichen Zusammenlebens, die diese Konflikte in Rechnung stellt, könnte dabei helfen, eine Überforderung sowohl der Bürger als auch der Rechtsordnung zu vermeiden.

IV. Resümee:
Leistungsfähigkeit und Grenzen des Neutralitätsgebotes

Die Rechtsordnung wird überfordert, wenn ihr unter Berufung auf die Neutralität angesonnen wird, eine tatsächliche Gleichheit in dem Sinne herzustellen, dass den religiös-weltanschaulichen Gemeinschaften und ih-ren Mitgliedern jede Anpassungsleistung an das allgemeine Recht und die gesellschaftliche Umwelt erspart wird. Eine derartige Forderung verkennt die Grundstruktur eines freiheitlichen Gemeinwesens. Auch klärt das verfassungsrechtliche Neutralitätsgebot nicht die Frage, ob die Probleme des religiös-weltanschaulichem Pluralismus in öffentlichen Institutionen durch eine eher ausgrenzende oder eine stärker integrative Politik zu lösen sind. Dabei handelt es sich vielmehr um eine typisch politische Aufgabe, einer gesellschaftlichen Herausforderung mit Urteilskraft und Augenmaß, in enger Verbindung mit der Lage vor Ort und unter Übernahme der po-litischen Verantwortung zu begegnen. Die Anforderung, die sich insoweit aus dem Neutralitätsgebot ergibt, besteht allein darin, dass der jeweilige Lösungsansatz diskriminierungsfrei ausgestaltet wird.

Warum ist es wichtig, diese Grenzen der Neutralitätsforderung zu beto-nen? Das Neutralitätsprinzip ist ein konstitutives Element der freiheitlichen Ordnung. Die Gebildeten unter ihren Verächtern haben nun immer wieder versucht, die Grundprinzipien dieser Ordnung ad absurdum zu führen, indem sie insbesondere dem Neutralitätsgedanken eine verzeichnende Interpretation gegeben haben. So kann man etwa bei Carl Schmitt lesen, die Neutralität des Staates gegenüber den Religionen und Konfessionen müsse in letzter Konsequenz zu einer allgemeinen Neutralität gegenüber allen denkbaren Anschauungen und Problemen führen; der Staat werde zum inhaltslosen und relativistischen stato neutrale e agnostico.[47] Selbst wenn man den Weimarer Hintergrund dieser Äußerungen berücksichtigt, ist es kaum zu begreifen, wie diese Karikatur der Theorie und Praxis der freiheitlichen Ordnung jemals ernst genommen werden konnte. Selbstverständlich ist staatliche Neutralität immer eine selektive Neutralität, die sich nicht auf die Regeln des friedlichen und gerechten Zusammenlebens bezieht, sondern allein auf die Lebensformen, die die Bürger innerhalb dieses Rahmens verwirklichen.[48]

In strukturell ganz ähnlicher Weise stellen heute sowohl konservativ-kommunitaristische als auch progressiv-multikulturalistische Ansätze die Möglichkeit der staatlichen Neutralität in Frage, indem sie auf die mangelnde Wirkungsneutralität der staatlichen Rechtsordnung und auf die Bedeutung einer Integration und Förderung religiös-weltanschaulicher Überzeugungen und Gemeinschaften verweisen, die mit der Neutralitätsforderung angeblich nicht vereinbar seien. Hat man das Neutralitätsgebot durch diese Verzeichnungen erst einmal verabschiedet, kann der einzelne den Zumutungen der Mehrheitsgesellschaft oder seiner partikularen Herkunftsgemeinschaft wehrlos ausgeliefert werden. Gegenüber derartiger Gemeinschaftsseligkeit ist daran zu erinnern, dass es der freiheitlichen Ordnung nicht um die Stabilisierung kultureller Gruppenidentitäten geht, sondern um die Gewährleistung gleicher individueller Freiheit. Bezieht man die die staatliche Neutralitätspflicht auf diesen Ausgangspunkt, können überzogene und sachfremde Erwartungen zurückgewiesen werden. Dies eröffnet auch und gerade in einem Gemeinwesen, das durch einen religiös-weltanschaulichen Pluralismus mit den ihm eigenen Konflikten gekennzeichnet ist, die Chance der „Bewährung der weltanschaulich neutralen Verfassungsordnung".[49]

---

[47] *C. Schmitt*, Übersicht über die verschiedenen Bedeutungen und Funktionen des Begriffs der innerpolitischen Neutralität des Staates, in: ders., Der Begriff des Politischen, 6. Aufl. 1996, S. 97 f.
[48] Vgl. dazu *Huster* (Fn. 6), S. 112 ff.
[49] *Hofmann* (Fn. 1), S. 383.